FEUILLES TABLEAUX / 180 PAGES

ÉTAT DE RAPPROCHEMENT BANCAIRE

Rapprochement bancaire au				
	❶ 512		❷ Relevé de Banque	
	Débit	Crédit	Débit	Crédit
Soldes fin de période				
Chèques erreurs				
Virements clients	-	XXX	-	-
Chèques émis	XXX			
Frais de compte	-		XXX	
Intérêts	-			
....				
....				
....				
....				
Totaux	XXX	XXX	XXX	XXX
❹ Soldes rectifiés au ...	-	SD ⊜ SC		-
❺ **Total général**	XXX ⊜ XXX		XXX ⊜ XXX	

❶ Compte banque chez l'entreprise.

❷ Compte de l'entreprise chez la banque.

❸ Libellé des opérations à l'origine des différences de soldes.

❹ Le solde rectifié du compte 512 (débiteur) doit être égal au solde rectifié du compte de l'entreprise chez la banque (créditeur).

❺ Les totaux généraux des deux colonnes de chaque compte doivent être identiques.

Rapprochement bancaire au				
	512 Débit	512 Crédit	Relevé de Banque Débit	Relevé de Banque Crédit
Soldes fin de période				
Totaux				
Soldes rectifiés au				
Total général				

Rapprochement bancaire au				
	512 Débit	512 Crédit	Relevé de Banque Débit	Relevé de Banque Crédit
Soldes fin de période				
Totaux				
Soldes rectifiés au				
Total général				

Rapprochement bancaire au

	512		Relevé de Banque	
	Débit	Crédit	Débit	Crédit
Soldes fin de période				
Totaux				
Soldes rectifiés au				
Total général				

Rapprochement bancaire au

	512		Relevé de Banque	
	Débit	Crédit	Débit	Crédit
Soldes fin de période				
Totaux				
Soldes rectifiés au				
Total général				

Rapprochement bancaire au

	512 Débit	512 Crédit	Relevé de Banque Débit	Relevé de Banque Crédit
Soldes fin de période				
Totaux				
Soldes rectifiés au				
Total général				

Rapprochement bancaire au

	512 Débit	512 Crédit	Relevé de Banque Débit	Relevé de Banque Crédit
Soldes fin de période				
Totaux				
Soldes rectifiés au				
Total général				

Rapprochement bancaire au

	512 Débit	512 Crédit	Relevé de Banque Débit	Relevé de Banque Crédit
Soldes fin de période				
Totaux				
Soldes rectifiés au				
Total général				

Rapprochement bancaire au

	512 Débit	512 Crédit	Relevé de Banque Débit	Relevé de Banque Crédit
Soldes fin de période				
Totaux				
Soldes rectifiés au				
Total général				

Rapprochement bancaire au

	512 Débit	512 Crédit	Relevé de Banque Débit	Relevé de Banque Crédit
Soldes fin de période				
Totaux				
Soldes rectifiés au				
Total général				

Rapprochement bancaire au

	512 Débit	512 Crédit	Relevé de Banque Débit	Relevé de Banque Crédit
Soldes fin de période				
Totaux				
Soldes rectifiés au				
Total général				

Rapprochement bancaire au

	512 Débit	512 Crédit	Relevé de Banque Débit	Relevé de Banque Crédit
Soldes fin de période				
Totaux				
Soldes rectifiés au				
Total général				

Rapprochement bancaire au

	512 Débit	512 Crédit	Relevé de Banque Débit	Relevé de Banque Crédit
Soldes fin de période				
Totaux				
Soldes rectifiés au				
Total général				

Rapprochement bancaire au				
	512		Relevé de Banque	
	Débit	Crédit	Débit	Crédit
Soldes fin de période				
Totaux				
Soldes rectifiés au				
Total général				

Rapprochement bancaire au				
	512		Relevé de Banque	
	Débit	Crédit	Débit	Crédit
Soldes fin de période				
Totaux				
Soldes rectifiés au				
Total général				

Rapprochement bancaire au				
	512 Débit	512 Crédit	Relevé de Banque Débit	Relevé de Banque Crédit
Soldes fin de période				
Totaux				
Soldes rectifiés au				
Total général				

Rapprochement bancaire au				
	512 Débit	512 Crédit	Relevé de Banque Débit	Relevé de Banque Crédit
Soldes fin de période				
Totaux				
Soldes rectifiés au				
Total général				

Rapprochement bancaire au	512		Relevé de Banque	
	Débit	Crédit	Débit	Crédit
Soldes fin de période				
Totaux				
Soldes rectifiés au				
Total général				

Rapprochement bancaire au	512		Relevé de Banque	
	Débit	Crédit	Débit	Crédit
Soldes fin de période				
Totaux				
Soldes rectifiés au				
Total général				

Rapprochement bancaire au

	512 Débit	512 Crédit	Relevé de Banque Débit	Relevé de Banque Crédit
Soldes fin de période				
Totaux				
Soldes rectifiés au				
Total général				

Rapprochement bancaire au

	512 Débit	512 Crédit	Relevé de Banque Débit	Relevé de Banque Crédit
Soldes fin de période				
Totaux				
Soldes rectifiés au				
Total général				

Rapprochement bancaire au

	512 Débit	512 Crédit	Relevé de Banque Débit	Relevé de Banque Crédit
Soldes fin de période				
Totaux				
Soldes rectifiés au				
Total général				

Rapprochement bancaire au

	512 Débit	512 Crédit	Relevé de Banque Débit	Relevé de Banque Crédit
Soldes fin de période				
Totaux				
Soldes rectifiés au				
Total général				

Rapprochement bancaire au

	512 Débit	512 Crédit	Relevé de Banque Débit	Relevé de Banque Crédit
Soldes fin de période				
Totaux				
Soldes rectifiés au				
Total général				

Rapprochement bancaire au

	512 Débit	512 Crédit	Relevé de Banque Débit	Relevé de Banque Crédit
Soldes fin de période				
Totaux				
Soldes rectifiés au				
Total général				

	512		Relevé de Banque	
Rapprochement bancaire au	Débit	Crédit	Débit	Crédit
Soldes fin de période				
Totaux				
Soldes rectifiés au				
Total général				

	512		Relevé de Banque	
Rapprochement bancaire au	Débit	Crédit	Débit	Crédit
Soldes fin de période				
Totaux				
Soldes rectifiés au				
Total général				

Rapprochement bancaire au

	512 Débit	512 Crédit	Relevé de Banque Débit	Relevé de Banque Crédit
Soldes fin de période				
Totaux				
Soldes rectifiés au				
Total général				

Rapprochement bancaire au

	512 Débit	512 Crédit	Relevé de Banque Débit	Relevé de Banque Crédit
Soldes fin de période				
Totaux				
Soldes rectifiés au				
Total général				

	Rapprochement bancaire au			
	512 Débit	512 Crédit	Relevé de Banque Débit	Relevé de Banque Crédit
Soldes fin de période				
Totaux				
Soldes rectifiés au				
Total général				

	Rapprochement bancaire au			
	512 Débit	512 Crédit	Relevé de Banque Débit	Relevé de Banque Crédit
Soldes fin de période				
Totaux				
Soldes rectifiés au				
Total général				

Rapprochement bancaire au

	512 Débit	512 Crédit	Relevé de Banque Débit	Relevé de Banque Crédit
Soldes fin de période				
Totaux				
Soldes rectifiés au				
Total général				

Rapprochement bancaire au

	512 Débit	512 Crédit	Relevé de Banque Débit	Relevé de Banque Crédit
Soldes fin de période				
Totaux				
Soldes rectifiés au				
Total général				

Rapprochement bancaire au				
	512 Débit	512 Crédit	Relevé de Banque Débit	Relevé de Banque Crédit
Soldes fin de période				
Totaux				
Soldes rectifiés au				
Total général				

Rapprochement bancaire au				
	512 Débit	512 Crédit	Relevé de Banque Débit	Relevé de Banque Crédit
Soldes fin de période				
Totaux				
Soldes rectifiés au				
Total général				

Rapprochement bancaire au

	512 Débit	512 Crédit	Relevé de Banque Débit	Relevé de Banque Crédit
Soldes fin de période				
Totaux				
Soldes rectifiés au				
Total général				

Rapprochement bancaire au

	512 Débit	512 Crédit	Relevé de Banque Débit	Relevé de Banque Crédit
Soldes fin de période				
Totaux				
Soldes rectifiés au				
Total général				

Rapprochement bancaire au				
	512 Débit	512 Crédit	Relevé de Banque Débit	Relevé de Banque Crédit
Soldes fin de période				
Totaux				
Soldes rectifiés au				
Total général				

Rapprochement bancaire au				
	512 Débit	512 Crédit	Relevé de Banque Débit	Relevé de Banque Crédit
Soldes fin de période				
Totaux				
Soldes rectifiés au				
Total général				

Rapprochement bancaire au

	512 Débit	512 Crédit	Relevé de Banque Débit	Relevé de Banque Crédit
Soldes fin de période				
Totaux				
Soldes rectifiés au				
Total général				

Rapprochement bancaire au

	512 Débit	512 Crédit	Relevé de Banque Débit	Relevé de Banque Crédit
Soldes fin de période				
Totaux				
Soldes rectifiés au				
Total général				

Rapprochement bancaire au

	512		Relevé de Banque	
	Débit	Crédit	Débit	Crédit
Soldes fin de période				
Totaux				
Soldes rectifiés au				
Total général				

Rapprochement bancaire au

	512		Relevé de Banque	
	Débit	Crédit	Débit	Crédit
Soldes fin de période				
Totaux				
Soldes rectifiés au				
Total général				

Rapprochement bancaire au

	512 Débit	512 Crédit	Relevé de Banque Débit	Relevé de Banque Crédit
Soldes fin de période				
Totaux				
Soldes rectifiés au				
Total général				

Rapprochement bancaire au

	512 Débit	512 Crédit	Relevé de Banque Débit	Relevé de Banque Crédit
Soldes fin de période				
Totaux				
Soldes rectifiés au				
Total général				

Rapprochement bancaire au				
	512 Débit	512 Crédit	Relevé de Banque Débit	Relevé de Banque Crédit
Soldes fin de période				
Totaux				
Soldes rectifiés au				
Total général				

Rapprochement bancaire au				
	512 Débit	512 Crédit	Relevé de Banque Débit	Relevé de Banque Crédit
Soldes fin de période				
Totaux				
Soldes rectifiés au				
Total général				

Rapprochement bancaire au

	512 Débit	512 Crédit	Relevé de Banque Débit	Relevé de Banque Crédit
Soldes fin de période				
Totaux				
Soldes rectifiés au				
Total général				

Rapprochement bancaire au

	512 Débit	512 Crédit	Relevé de Banque Débit	Relevé de Banque Crédit
Soldes fin de période				
Totaux				
Soldes rectifiés au				
Total général				

	Rapprochement bancaire au			
	512 Débit	512 Crédit	Relevé de Banque Débit	Relevé de Banque Crédit
Soldes fin de période				
Totaux				
Soldes rectifiés au				
Total général				

	Rapprochement bancaire au			
	512 Débit	512 Crédit	Relevé de Banque Débit	Relevé de Banque Crédit
Soldes fin de période				
Totaux				
Soldes rectifiés au				
Total général				

	512		Relevé de Banque	
Rapprochement bancaire au				
	Débit	Crédit	Débit	Crédit
Soldes fin de période				
Totaux				
Soldes rectifiés au				
Total général				

	512		Relevé de Banque	
Rapprochement bancaire au				
	Débit	Crédit	Débit	Crédit
Soldes fin de période				
Totaux				
Soldes rectifiés au				
Total général				

Rapprochement bancaire au				
	512 Débit	512 Crédit	Relevé de Banque Débit	Relevé de Banque Crédit
Soldes fin de période				
Totaux				
Soldes rectifiés au				
Total général				

Rapprochement bancaire au				
	512 Débit	512 Crédit	Relevé de Banque Débit	Relevé de Banque Crédit
Soldes fin de période				
Totaux				
Soldes rectifiés au				
Total général				

Rapprochement bancaire au				
	512 Débit	512 Crédit	Relevé de Banque Débit	Relevé de Banque Crédit
Soldes fin de période				
Totaux				
Soldes rectifiés au				
Total général				

Rapprochement bancaire au				
	512 Débit	512 Crédit	Relevé de Banque Débit	Relevé de Banque Crédit
Soldes fin de période				
Totaux				
Soldes rectifiés au				
Total général				

Rapprochement bancaire au				
	512		Relevé de Banque	
	Débit	Crédit	Débit	Crédit
Soldes fin de période				
Totaux				
Soldes rectifiés au				
Total général				

Rapprochement bancaire au				
	512		Relevé de Banque	
	Débit	Crédit	Débit	Crédit
Soldes fin de période				
Totaux				
Soldes rectifiés au				
Total général				

Rapprochement bancaire au

	512 Débit	512 Crédit	Relevé de Banque Débit	Relevé de Banque Crédit
Soldes fin de période				
Totaux				
Soldes rectifiés au				
Total général				

Rapprochement bancaire au

	512 Débit	512 Crédit	Relevé de Banque Débit	Relevé de Banque Crédit
Soldes fin de période				
Totaux				
Soldes rectifiés au				
Total général				

Rapprochement bancaire au				
	512 Débit	512 Crédit	Relevé de Banque Débit	Relevé de Banque Crédit
Soldes fin de période				
Totaux				
Soldes rectifiés au				
Total général				

Rapprochement bancaire au				
	512 Débit	512 Crédit	Relevé de Banque Débit	Relevé de Banque Crédit
Soldes fin de période				
Totaux				
Soldes rectifiés au				
Total général				

Rapprochement bancaire au				
	512 Débit	512 Crédit	Relevé de Banque Débit	Relevé de Banque Crédit
Soldes fin de période				
Totaux				
Soldes rectifiés au				
Total général				

Rapprochement bancaire au				
	512 Débit	512 Crédit	Relevé de Banque Débit	Relevé de Banque Crédit
Soldes fin de période				
Totaux				
Soldes rectifiés au				
Total général				

Rapprochement bancaire au				
	512 Débit	512 Crédit	Relevé de Banque Débit	Relevé de Banque Crédit
Soldes fin de période				
Totaux				
Soldes rectifiés au				
Total général				

Rapprochement bancaire au				
	512 Débit	512 Crédit	Relevé de Banque Débit	Relevé de Banque Crédit
Soldes fin de période				
Totaux				
Soldes rectifiés au				
Total général				

Rapprochement bancaire au

	512 Débit	512 Crédit	Relevé de Banque Débit	Relevé de Banque Crédit
Soldes fin de période				
Totaux				
Soldes rectifiés au				
Total général				

Rapprochement bancaire au

	512 Débit	512 Crédit	Relevé de Banque Débit	Relevé de Banque Crédit
Soldes fin de période				
Totaux				
Soldes rectifiés au				
Total général				

Rapprochement bancaire au				
	512		Relevé de Banque	
	Débit	Crédit	Débit	Crédit
Soldes fin de période				
Totaux				
Soldes rectifiés au				
Total général				

Rapprochement bancaire au				
	512		Relevé de Banque	
	Débit	Crédit	Débit	Crédit
Soldes fin de période				
Totaux				
Soldes rectifiés au				
Total général				

Rapprochement bancaire au				
	512		Relevé de Banque	
	Débit	Crédit	Débit	Crédit
Soldes fin de période				
Totaux				
Soldes rectifiés au				
Total général				

Rapprochement bancaire au				
	512		Relevé de Banque	
	Débit	Crédit	Débit	Crédit
Soldes fin de période				
Totaux				
Soldes rectifiés au				
Total général				

Rapprochement bancaire au				
	512 Débit	512 Crédit	Relevé de Banque Débit	Relevé de Banque Crédit
Soldes fin de période				
Totaux				
Soldes rectifiés au				
Total général				

Rapprochement bancaire au				
	512 Débit	512 Crédit	Relevé de Banque Débit	Relevé de Banque Crédit
Soldes fin de période				
Totaux				
Soldes rectifiés au				
Total général				

Rapprochement bancaire au

	512 Débit	512 Crédit	Relevé de Banque Débit	Relevé de Banque Crédit
Soldes fin de période				
Totaux				
Soldes rectifiés au				
Total général				

Rapprochement bancaire au

	512 Débit	512 Crédit	Relevé de Banque Débit	Relevé de Banque Crédit
Soldes fin de période				
Totaux				
Soldes rectifiés au				
Total général				

Rapprochement bancaire au

	512		Relevé de Banque	
	Débit	Crédit	Débit	Crédit
Soldes fin de période				
Totaux				
Soldes rectifiés au				
Total général				

Rapprochement bancaire au

	512		Relevé de Banque	
	Débit	Crédit	Débit	Crédit
Soldes fin de période				
Totaux				
Soldes rectifiés au				
Total général				

Rapprochement bancaire au				
	512 Débit	512 Crédit	Relevé de Banque Débit	Relevé de Banque Crédit
Soldes fin de période				
Totaux				
Soldes rectifiés au				
Total général				

Rapprochement bancaire au				
	512 Débit	512 Crédit	Relevé de Banque Débit	Relevé de Banque Crédit
Soldes fin de période				
Totaux				
Soldes rectifiés au				
Total général				

Rapprochement bancaire au

	512 Débit	512 Crédit	Relevé de Banque Débit	Relevé de Banque Crédit
Soldes fin de période				
Totaux				
Soldes rectifiés au				
Total général				

Rapprochement bancaire au

	512 Débit	512 Crédit	Relevé de Banque Débit	Relevé de Banque Crédit
Soldes fin de période				
Totaux				
Soldes rectifiés au				
Total général				

Rapprochement bancaire au

	512 Débit	512 Crédit	Relevé de Banque Débit	Relevé de Banque Crédit
Soldes fin de période				
Totaux				
Soldes rectifiés au				
Total général				

Rapprochement bancaire au

	512 Débit	512 Crédit	Relevé de Banque Débit	Relevé de Banque Crédit
Soldes fin de période				
Totaux				
Soldes rectifiés au				
Total général				

Rapprochement bancaire au

	512 Débit	512 Crédit	Relevé de Banque Débit	Relevé de Banque Crédit
Soldes fin de période				
Totaux				
Soldes rectifiés au				
Total général				

Rapprochement bancaire au

	512 Débit	512 Crédit	Relevé de Banque Débit	Relevé de Banque Crédit
Soldes fin de période				
Totaux				
Soldes rectifiés au				
Total général				

Rapprochement bancaire au

	512 Débit	512 Crédit	Relevé de Banque Débit	Relevé de Banque Crédit
Soldes fin de période				
Totaux				
Soldes rectifiés au				
Total général				

Rapprochement bancaire au

	512 Débit	512 Crédit	Relevé de Banque Débit	Relevé de Banque Crédit
Soldes fin de période				
Totaux				
Soldes rectifiés au				
Total général				

Rapprochement bancaire au

	512 Débit	512 Crédit	Relevé de Banque Débit	Relevé de Banque Crédit
Soldes fin de période				
Totaux				
Soldes rectifiés au				
Total général				

Rapprochement bancaire au

	512 Débit	512 Crédit	Relevé de Banque Débit	Relevé de Banque Crédit
Soldes fin de période				
Totaux				
Soldes rectifiés au				
Total général				

	Rapprochement bancaire au			
	512 Débit	512 Crédit	Relevé de Banque Débit	Relevé de Banque Crédit
Soldes fin de période				
Totaux				
Soldes rectifiés au				
Total général				

	Rapprochement bancaire au			
	512 Débit	512 Crédit	Relevé de Banque Débit	Relevé de Banque Crédit
Soldes fin de période				
Totaux				
Soldes rectifiés au				
Total général				

Rapprochement bancaire au				
	512		Relevé de Banque	
	Débit	Crédit	Débit	Crédit
Soldes fin de période				
Totaux				
Soldes rectifiés au				
Total général				

Rapprochement bancaire au				
	512		Relevé de Banque	
	Débit	Crédit	Débit	Crédit
Soldes fin de période				
Totaux				
Soldes rectifiés au				
Total général				

Rapprochement bancaire au

	512 Débit	512 Crédit	Relevé de Banque Débit	Relevé de Banque Crédit
Soldes fin de période				
Totaux				
Soldes rectifiés au				
Total général				

Rapprochement bancaire au

	512 Débit	512 Crédit	Relevé de Banque Débit	Relevé de Banque Crédit
Soldes fin de période				
Totaux				
Soldes rectifiés au				
Total général				

Rapprochement bancaire au

	512 Débit	512 Crédit	Relevé de Banque Débit	Relevé de Banque Crédit
Soldes fin de période				
Totaux				
Soldes rectifiés au				
Total général				

Rapprochement bancaire au

	512 Débit	512 Crédit	Relevé de Banque Débit	Relevé de Banque Crédit
Soldes fin de période				
Totaux				
Soldes rectifiés au				
Total général				

Rapprochement bancaire au				
	512 Débit	512 Crédit	Relevé de Banque Débit	Relevé de Banque Crédit
Soldes fin de période				
Totaux				
Soldes rectifiés au				
Total général				

Rapprochement bancaire au				
	512 Débit	512 Crédit	Relevé de Banque Débit	Relevé de Banque Crédit
Soldes fin de période				
Totaux				
Soldes rectifiés au				
Total général				

	Rapprochement bancaire au			
	512		Relevé de Banque	
	Débit	Crédit	Débit	Crédit
Soldes fin de période				
Totaux				
Soldes rectifiés au				
Total général				

	Rapprochement bancaire au			
	512		Relevé de Banque	
	Débit	Crédit	Débit	Crédit
Soldes fin de période				
Totaux				
Soldes rectifiés au				
Total général				

Rapprochement bancaire au

	512 Débit	512 Crédit	Relevé de Banque Débit	Relevé de Banque Crédit
Soldes fin de période				
Totaux				
Soldes rectifiés au				
Total général				

Rapprochement bancaire au

	512 Débit	512 Crédit	Relevé de Banque Débit	Relevé de Banque Crédit
Soldes fin de période				
Totaux				
Soldes rectifiés au				
Total général				

Rapprochement bancaire au

	512 Débit	512 Crédit	Relevé de Banque Débit	Relevé de Banque Crédit
Soldes fin de période				
Totaux				
Soldes rectifiés au				
Total général				

Rapprochement bancaire au

	512 Débit	512 Crédit	Relevé de Banque Débit	Relevé de Banque Crédit
Soldes fin de période				
Totaux				
Soldes rectifiés au				
Total général				

Rapprochement bancaire au				
	512 Débit	512 Crédit	Relevé de Banque Débit	Relevé de Banque Crédit
Soldes fin de période				
Totaux				
Soldes rectifiés au				
Total général				

Rapprochement bancaire au				
	512 Débit	512 Crédit	Relevé de Banque Débit	Relevé de Banque Crédit
Soldes fin de période				
Totaux				
Soldes rectifiés au				
Total général				

Rapprochement bancaire au				
	512 Débit	512 Crédit	Relevé de Banque Débit	Relevé de Banque Crédit
Soldes fin de période				
Totaux				
Soldes rectifiés au				
Total général				

Rapprochement bancaire au				
	512 Débit	512 Crédit	Relevé de Banque Débit	Relevé de Banque Crédit
Soldes fin de période				
Totaux				
Soldes rectifiés au				
Total général				

	512 Débit	512 Crédit	Relevé de Banque Débit	Relevé de Banque Crédit
Rapprochement bancaire au				
Soldes fin de période				
Totaux				
Soldes rectifiés au				
Total général				

	512 Débit	512 Crédit	Relevé de Banque Débit	Relevé de Banque Crédit
Rapprochement bancaire au				
Soldes fin de période				
Totaux				
Soldes rectifiés au				
Total général				

Rapprochement bancaire au

	512		Relevé de Banque	
	Débit	Crédit	Débit	Crédit
Soldes fin de période				
Totaux				
Soldes rectifiés au				
Total général				

Rapprochement bancaire au

	512		Relevé de Banque	
	Débit	Crédit	Débit	Crédit
Soldes fin de période				
Totaux				
Soldes rectifiés au				
Total général				

Rapprochement bancaire au

	512 Débit	512 Crédit	Relevé de Banque Débit	Relevé de Banque Crédit
Soldes fin de période				
Totaux				
Soldes rectifiés au				
Total général				

Rapprochement bancaire au

	512 Débit	512 Crédit	Relevé de Banque Débit	Relevé de Banque Crédit
Soldes fin de période				
Totaux				
Soldes rectifiés au				
Total général				

	512		Relevé de Banque	
Rapprochement bancaire au	Débit	Crédit	Débit	Crédit
Soldes fin de période				
Totaux				
Soldes rectifiés au				
Total général				

	512		Relevé de Banque	
Rapprochement bancaire au	Débit	Crédit	Débit	Crédit
Soldes fin de période				
Totaux				
Soldes rectifiés au				
Total général				

	512 Débit	512 Crédit	Relevé de Banque Débit	Relevé de Banque Crédit
Rapprochement bancaire au				
Soldes fin de période				
Totaux				
Soldes rectifiés au				
Total général				

	512 Débit	512 Crédit	Relevé de Banque Débit	Relevé de Banque Crédit
Rapprochement bancaire au				
Soldes fin de période				
Totaux				
Soldes rectifiés au				
Total général				

Rapprochement bancaire au

	512		Relevé de Banque	
	Débit	Crédit	Débit	Crédit
Soldes fin de période				
Totaux				
Soldes rectifiés au				
Total général				

Rapprochement bancaire au

	512		Relevé de Banque	
	Débit	Crédit	Débit	Crédit
Soldes fin de période				
Totaux				
Soldes rectifiés au				
Total général				

Rapprochement bancaire au				
	512		Relevé de Banque	
	Débit	Crédit	Débit	Crédit
Soldes fin de période				
Totaux				
Soldes rectifiés au				
Total général				

Rapprochement bancaire au				
	512		Relevé de Banque	
	Débit	Crédit	Débit	Crédit
Soldes fin de période				
Totaux				
Soldes rectifiés au				
Total général				

	Rapprochement bancaire au			
	512 Débit	512 Crédit	Relevé de Banque Débit	Relevé de Banque Crédit
Soldes fin de période				
Totaux				
Soldes rectifiés au				
Total général				

	Rapprochement bancaire au			
	512 Débit	512 Crédit	Relevé de Banque Débit	Relevé de Banque Crédit
Soldes fin de période				
Totaux				
Soldes rectifiés au				
Total général				

Rapprochement bancaire au

	512 Débit	512 Crédit	Relevé de Banque Débit	Relevé de Banque Crédit
Soldes fin de période				
Totaux				
Soldes rectifiés au				
Total général				

Rapprochement bancaire au

	512 Débit	512 Crédit	Relevé de Banque Débit	Relevé de Banque Crédit
Soldes fin de période				
Totaux				
Soldes rectifiés au				
Total général				

Rapprochement bancaire au				
	512 Débit	512 Crédit	Relevé de Banque Débit	Relevé de Banque Crédit
Soldes fin de période				
Totaux				
Soldes rectifiés au				
Total général				

Rapprochement bancaire au				
	512 Débit	512 Crédit	Relevé de Banque Débit	Relevé de Banque Crédit
Soldes fin de période				
Totaux				
Soldes rectifiés au				
Total général				

Rapprochement bancaire au				
	512 Débit	512 Crédit	Relevé de Banque Débit	Relevé de Banque Crédit
Soldes fin de période				
Totaux				
Soldes rectifiés au				
Total général				

Rapprochement bancaire au				
	512 Débit	512 Crédit	Relevé de Banque Débit	Relevé de Banque Crédit
Soldes fin de période				
Totaux				
Soldes rectifiés au				
Total général				

Rapprochement bancaire au

	512 Débit	512 Crédit	Relevé de Banque Débit	Relevé de Banque Crédit
Soldes fin de période				
Totaux				
Soldes rectifiés au				
Total général				

Rapprochement bancaire au

	512 Débit	512 Crédit	Relevé de Banque Débit	Relevé de Banque Crédit
Soldes fin de période				
Totaux				
Soldes rectifiés au				
Total général				

Rapprochement bancaire au

	512 Débit	512 Crédit	Relevé de Banque Débit	Relevé de Banque Crédit
Soldes fin de période				
Totaux				
Soldes rectifiés au				
Total général				

Rapprochement bancaire au

	512 Débit	512 Crédit	Relevé de Banque Débit	Relevé de Banque Crédit
Soldes fin de période				
Totaux				
Soldes rectifiés au				
Total général				

Rapprochement bancaire au

	512 Débit	512 Crédit	Relevé de Banque Débit	Relevé de Banque Crédit
Soldes fin de période				
Totaux				
Soldes rectifiés au				
Total général				

Rapprochement bancaire au

	512 Débit	512 Crédit	Relevé de Banque Débit	Relevé de Banque Crédit
Soldes fin de période				
Totaux				
Soldes rectifiés au				
Total général				

	512 Débit	512 Crédit	Relevé de Banque Débit	Relevé de Banque Crédit
Rapprochement bancaire au				
Soldes fin de période				
Totaux				
Soldes rectifiés au				
Total général				

	512 Débit	512 Crédit	Relevé de Banque Débit	Relevé de Banque Crédit
Rapprochement bancaire au				
Soldes fin de période				
Totaux				
Soldes rectifiés au				
Total général				

Rapprochement bancaire au

	512 Débit	512 Crédit	Relevé de Banque Débit	Relevé de Banque Crédit
Soldes fin de période				
Totaux				
Soldes rectifiés au				
Total général				

Rapprochement bancaire au

	512 Débit	512 Crédit	Relevé de Banque Débit	Relevé de Banque Crédit
Soldes fin de période				
Totaux				
Soldes rectifiés au				
Total général				

Rapprochement bancaire au

	512 Débit	512 Crédit	Relevé de Banque Débit	Relevé de Banque Crédit
Soldes fin de période				
Totaux				
Soldes rectifiés au				
Total général				

Rapprochement bancaire au

	512 Débit	512 Crédit	Relevé de Banque Débit	Relevé de Banque Crédit
Soldes fin de période				
Totaux				
Soldes rectifiés au				
Total général				

Rapprochement bancaire au

	512 Débit	512 Crédit	Relevé de Banque Débit	Relevé de Banque Crédit
Soldes fin de période				
Totaux				
Soldes rectifiés au				
Total général				

Rapprochement bancaire au

	512 Débit	512 Crédit	Relevé de Banque Débit	Relevé de Banque Crédit
Soldes fin de période				
Totaux				
Soldes rectifiés au				
Total général				

	512		Relevé de Banque	
Rapprochement bancaire au	Débit	Crédit	Débit	Crédit
Soldes fin de période				
Totaux				
Soldes rectifiés au				
Total général				

	512		Relevé de Banque	
Rapprochement bancaire au	Débit	Crédit	Débit	Crédit
Soldes fin de période				
Totaux				
Soldes rectifiés au				
Total général				

Rapprochement bancaire au

	512 Débit	512 Crédit	Relevé de Banque Débit	Relevé de Banque Crédit
Soldes fin de période				
Totaux				
Soldes rectifiés au				
Total général				

Rapprochement bancaire au

	512 Débit	512 Crédit	Relevé de Banque Débit	Relevé de Banque Crédit
Soldes fin de période				
Totaux				
Soldes rectifiés au				
Total général				

	512 Débit	512 Crédit	Relevé de Banque Débit	Relevé de Banque Crédit
Rapprochement bancaire au				
Soldes fin de période				
Totaux				
Soldes rectifiés au				
Total général				

	512 Débit	512 Crédit	Relevé de Banque Débit	Relevé de Banque Crédit
Rapprochement bancaire au				
Soldes fin de période				
Totaux				
Soldes rectifiés au				
Total général				

Rapprochement bancaire au

	512 Débit	512 Crédit	Relevé de Banque Débit	Relevé de Banque Crédit
Soldes fin de période				
Totaux				
Soldes rectifiés au				
Total général				

Rapprochement bancaire au

	512 Débit	512 Crédit	Relevé de Banque Débit	Relevé de Banque Crédit
Soldes fin de période				
Totaux				
Soldes rectifiés au				
Total général				

Rapprochement bancaire au

	512 Débit	512 Crédit	Relevé de Banque Débit	Relevé de Banque Crédit
Soldes fin de période				
Totaux				
Soldes rectifiés au				
Total général				

Rapprochement bancaire au

	512 Débit	512 Crédit	Relevé de Banque Débit	Relevé de Banque Crédit
Soldes fin de période				
Totaux				
Soldes rectifiés au				
Total général				

Rapprochement bancaire au

	512 Débit	512 Crédit	Relevé de Banque Débit	Relevé de Banque Crédit
Soldes fin de période				
Totaux				
Soldes rectifiés au				
Total général				

Rapprochement bancaire au

	512 Débit	512 Crédit	Relevé de Banque Débit	Relevé de Banque Crédit
Soldes fin de période				
Totaux				
Soldes rectifiés au				
Total général				

Rapprochement bancaire au	512		Relevé de Banque	
	Débit	Crédit	Débit	Crédit
Soldes fin de période				
Totaux				
Soldes rectifiés au				
Total général				

Rapprochement bancaire au	512		Relevé de Banque	
	Débit	Crédit	Débit	Crédit
Soldes fin de période				
Totaux				
Soldes rectifiés au				
Total général				

Rapprochement bancaire au				
	512		Relevé de Banque	
	Débit	Crédit	Débit	Crédit
Soldes fin de période				
Totaux				
Soldes rectifiés au				
Total général				

Rapprochement bancaire au				
	512		Relevé de Banque	
	Débit	Crédit	Débit	Crédit
Soldes fin de période				
Totaux				
Soldes rectifiés au				
Total général				

Rapprochement bancaire au				
	512 Débit	512 Crédit	Relevé de Banque Débit	Relevé de Banque Crédit
Soldes fin de période				
Totaux				
Soldes rectifiés au				
Total général				

Rapprochement bancaire au				
	512 Débit	512 Crédit	Relevé de Banque Débit	Relevé de Banque Crédit
Soldes fin de période				
Totaux				
Soldes rectifiés au				
Total général				

Rapprochement bancaire au

	512 Débit	512 Crédit	Relevé de Banque Débit	Relevé de Banque Crédit
Soldes fin de période				
Totaux				
Soldes rectifiés au				
Total général				

Rapprochement bancaire au

	512 Débit	512 Crédit	Relevé de Banque Débit	Relevé de Banque Crédit
Soldes fin de période				
Totaux				
Soldes rectifiés au				
Total général				

Rapprochement bancaire au

	512 Débit	512 Crédit	Relevé de Banque Débit	Relevé de Banque Crédit
Soldes fin de période				
Totaux				
Soldes rectifiés au				
Total général				

Rapprochement bancaire au

	512 Débit	512 Crédit	Relevé de Banque Débit	Relevé de Banque Crédit
Soldes fin de période				
Totaux				
Soldes rectifiés au				
Total général				

Rapprochement bancaire au				
	512 Débit	512 Crédit	Relevé de Banque Débit	Relevé de Banque Crédit
Soldes fin de période				
Totaux				
Soldes rectifiés au				
Total général				

Rapprochement bancaire au				
	512 Débit	512 Crédit	Relevé de Banque Débit	Relevé de Banque Crédit
Soldes fin de période				
Totaux				
Soldes rectifiés au				
Total général				

	Rapprochement bancaire au			
	512 Débit	512 Crédit	Relevé de Banque Débit	Relevé de Banque Crédit
Soldes fin de période				
Totaux				
Soldes rectifiés au				
Total général				

	Rapprochement bancaire au			
	512 Débit	512 Crédit	Relevé de Banque Débit	Relevé de Banque Crédit
Soldes fin de période				
Totaux				
Soldes rectifiés au				
Total général				

	Rapprochement bancaire au			
	512		Relevé de Banque	
	Débit	Crédit	Débit	Crédit
Soldes fin de période				
Totaux				
Soldes rectifiés au				
Total général				

	Rapprochement bancaire au			
	512		Relevé de Banque	
	Débit	Crédit	Débit	Crédit
Soldes fin de période				
Totaux				
Soldes rectifiés au				
Total général				

Rapprochement bancaire au

	512 Débit	512 Crédit	Relevé de Banque Débit	Relevé de Banque Crédit
Soldes fin de période				
Totaux				
Soldes rectifiés au				
Total général				

Rapprochement bancaire au

	512 Débit	512 Crédit	Relevé de Banque Débit	Relevé de Banque Crédit
Soldes fin de période				
Totaux				
Soldes rectifiés au				
Total général				

Rapprochement bancaire au				
	512 Débit	512 Crédit	Relevé de Banque Débit	Relevé de Banque Crédit
Soldes fin de période				
Totaux				
Soldes rectifiés au				
Total général				

Rapprochement bancaire au				
	512 Débit	512 Crédit	Relevé de Banque Débit	Relevé de Banque Crédit
Soldes fin de période				
Totaux				
Soldes rectifiés au				
Total général				

	Rapprochement bancaire au			
	512		Relevé de Banque	
	Débit	Crédit	Débit	Crédit
Soldes fin de période				
Totaux				
Soldes rectifiés au				
Total général				

	Rapprochement bancaire au			
	512		Relevé de Banque	
	Débit	Crédit	Débit	Crédit
Soldes fin de période				
Totaux				
Soldes rectifiés au				
Total général				

Rapprochement bancaire au

	512 Débit	512 Crédit	Relevé de Banque Débit	Relevé de Banque Crédit
Soldes fin de période				
Totaux				
Soldes rectifiés au				
Total général				

Rapprochement bancaire au

	512 Débit	512 Crédit	Relevé de Banque Débit	Relevé de Banque Crédit
Soldes fin de période				
Totaux				
Soldes rectifiés au				
Total général				

Rapprochement bancaire au				
	512 Débit	512 Crédit	Relevé de Banque Débit	Relevé de Banque Crédit
Soldes fin de période				
Totaux				
Soldes rectifiés au				
Total général				

Rapprochement bancaire au				
	512 Débit	512 Crédit	Relevé de Banque Débit	Relevé de Banque Crédit
Soldes fin de période				
Totaux				
Soldes rectifiés au				
Total général				

Rapprochement bancaire au				
	512		Relevé de Banque	
	Débit	Crédit	Débit	Crédit
Soldes fin de période				
Totaux				
Soldes rectifiés au				
Total général				

Rapprochement bancaire au				
	512		Relevé de Banque	
	Débit	Crédit	Débit	Crédit
Soldes fin de période				
Totaux				
Soldes rectifiés au				
Total général				

Rapprochement bancaire au				
	512 Débit	512 Crédit	Relevé de Banque Débit	Relevé de Banque Crédit
Soldes fin de période				
Totaux				
Soldes rectifiés au				
Total général				

Rapprochement bancaire au				
	512 Débit	512 Crédit	Relevé de Banque Débit	Relevé de Banque Crédit
Soldes fin de période				
Totaux				
Soldes rectifiés au				
Total général				

Rapprochement bancaire au				
	512		Relevé de Banque	
	Débit	Crédit	Débit	Crédit
Soldes fin de période				
Totaux				
Soldes rectifiés au				
Total général				

Rapprochement bancaire au				
	512		Relevé de Banque	
	Débit	Crédit	Débit	Crédit
Soldes fin de période				
Totaux				
Soldes rectifiés au				
Total général				

Rapprochement bancaire au				
	512 Débit	512 Crédit	Relevé de Banque Débit	Relevé de Banque Crédit
Soldes fin de période				
Totaux				
Soldes rectifiés au				
Total général				

Rapprochement bancaire au				
	512 Débit	512 Crédit	Relevé de Banque Débit	Relevé de Banque Crédit
Soldes fin de période				
Totaux				
Soldes rectifiés au				
Total général				

Rapprochement bancaire au

	512 Débit	512 Crédit	Relevé de Banque Débit	Relevé de Banque Crédit
Soldes fin de période				
Totaux				
Soldes rectifiés au				
Total général				

Rapprochement bancaire au

	512 Débit	512 Crédit	Relevé de Banque Débit	Relevé de Banque Crédit
Soldes fin de période				
Totaux				
Soldes rectifiés au				
Total général				

	Rapprochement bancaire au				
	512		Relevé de Banque		
	Débit	Crédit	Débit	Crédit	
Soldes fin de période					
Totaux					
Soldes rectifiés au					
Total général					

	Rapprochement bancaire au				
	512		Relevé de Banque		
	Débit	Crédit	Débit	Crédit	
Soldes fin de période					
Totaux					
Soldes rectifiés au					
Total général					

Rapprochement bancaire au

	512 Débit	512 Crédit	Relevé de Banque Débit	Relevé de Banque Crédit
Soldes fin de période				
Totaux				
Soldes rectifiés au				
Total général				

Rapprochement bancaire au

	512 Débit	512 Crédit	Relevé de Banque Débit	Relevé de Banque Crédit
Soldes fin de période				
Totaux				
Soldes rectifiés au				
Total général				

Rapprochement bancaire au				
	512 Débit	512 Crédit	Relevé de Banque Débit	Relevé de Banque Crédit
Soldes fin de période				
Totaux				
Soldes rectifiés au				
Total général				

Rapprochement bancaire au				
	512 Débit	512 Crédit	Relevé de Banque Débit	Relevé de Banque Crédit
Soldes fin de période				
Totaux				
Soldes rectifiés au				
Total général				

Rapprochement bancaire au

	512 Débit	512 Crédit	Relevé de Banque Débit	Relevé de Banque Crédit
Soldes fin de période				
Totaux				
Soldes rectifiés au				
Total général				

Rapprochement bancaire au

	512 Débit	512 Crédit	Relevé de Banque Débit	Relevé de Banque Crédit
Soldes fin de période				
Totaux				
Soldes rectifiés au				
Total général				

	Rapprochement bancaire au			
	512 Débit	512 Crédit	Relevé de Banque Débit	Relevé de Banque Crédit
Soldes fin de période				
Totaux				
Soldes rectifiés au				
Total général				

	Rapprochement bancaire au			
	512 Débit	512 Crédit	Relevé de Banque Débit	Relevé de Banque Crédit
Soldes fin de période				
Totaux				
Soldes rectifiés au				
Total général				

Rapprochement bancaire au

	512 Débit	512 Crédit	Relevé de Banque Débit	Relevé de Banque Crédit
Soldes fin de période				
Totaux				
Soldes rectifiés au				
Total général				

Rapprochement bancaire au

	512 Débit	512 Crédit	Relevé de Banque Débit	Relevé de Banque Crédit
Soldes fin de période				
Totaux				
Soldes rectifiés au				
Total général				

Rapprochement bancaire au

	512 Débit	512 Crédit	Relevé de Banque Débit	Relevé de Banque Crédit
Soldes fin de période				
Totaux				
Soldes rectifiés au				
Total général				

Rapprochement bancaire au

	512 Débit	512 Crédit	Relevé de Banque Débit	Relevé de Banque Crédit
Soldes fin de période				
Totaux				
Soldes rectifiés au				
Total général				

	Rapprochement bancaire au			
	512 Débit	512 Crédit	Relevé de Banque Débit	Relevé de Banque Crédit
Soldes fin de période				
Totaux				
Soldes rectifiés au				
Total général				

	Rapprochement bancaire au			
	512 Débit	512 Crédit	Relevé de Banque Débit	Relevé de Banque Crédit
Soldes fin de période				
Totaux				
Soldes rectifiés au				
Total général				

Rapprochement bancaire au				
	512 Débit	512 Crédit	Relevé de Banque Débit	Relevé de Banque Crédit
Soldes fin de période				
Totaux				
Soldes rectifiés au				
Total général				

Rapprochement bancaire au				
	512 Débit	512 Crédit	Relevé de Banque Débit	Relevé de Banque Crédit
Soldes fin de période				
Totaux				
Soldes rectifiés au				
Total général				

Rapprochement bancaire au

	512 Débit	512 Crédit	Relevé de Banque Débit	Relevé de Banque Crédit
Soldes fin de période				
Totaux				
Soldes rectifiés au				
Total général				

Rapprochement bancaire au

	512 Débit	512 Crédit	Relevé de Banque Débit	Relevé de Banque Crédit
Soldes fin de période				
Totaux				
Soldes rectifiés au				
Total général				

Rapprochement bancaire au

	512 Débit	512 Crédit	Relevé de Banque Débit	Relevé de Banque Crédit
Soldes fin de période				
Totaux				
Soldes rectifiés au				
Total général				

Rapprochement bancaire au

	512 Débit	512 Crédit	Relevé de Banque Débit	Relevé de Banque Crédit
Soldes fin de période				
Totaux				
Soldes rectifiés au				
Total général				

Rapprochement bancaire au				
	512		Relevé de Banque	
	Débit	Crédit	Débit	Crédit
Soldes fin de période				
Totaux				
Soldes rectifiés au				
Total général				

Rapprochement bancaire au				
	512		Relevé de Banque	
	Débit	Crédit	Débit	Crédit
Soldes fin de période				
Totaux				
Soldes rectifiés au				
Total général				

	Rapprochement bancaire au			
	512 Débit	512 Crédit	Relevé de Banque Débit	Relevé de Banque Crédit
Soldes fin de période				
Totaux				
Soldes rectifiés au				
Total général				

	Rapprochement bancaire au			
	512 Débit	512 Crédit	Relevé de Banque Débit	Relevé de Banque Crédit
Soldes fin de période				
Totaux				
Soldes rectifiés au				
Total général				

Rapprochement bancaire au

	512 Débit	512 Crédit	Relevé de Banque Débit	Relevé de Banque Crédit
Soldes fin de période				
Totaux				
Soldes rectifiés au				
Total général				

Rapprochement bancaire au

	512 Débit	512 Crédit	Relevé de Banque Débit	Relevé de Banque Crédit
Soldes fin de période				
Totaux				
Soldes rectifiés au				
Total général				

	512 Débit	512 Crédit	Relevé de Banque Débit	Relevé de Banque Crédit
Rapprochement bancaire au				
Soldes fin de période				
Totaux				
Soldes rectifiés au				
Total général				

	512 Débit	512 Crédit	Relevé de Banque Débit	Relevé de Banque Crédit
Rapprochement bancaire au				
Soldes fin de période				
Totaux				
Soldes rectifiés au				
Total général				

	Rapprochement bancaire au			
	512		Relevé de Banque	
	Débit	Crédit	Débit	Crédit
Soldes fin de période				
Totaux				
Soldes rectifiés au				
Total général				

	Rapprochement bancaire au			
	512		Relevé de Banque	
	Débit	Crédit	Débit	Crédit
Soldes fin de période				
Totaux				
Soldes rectifiés au				
Total général				

Rapprochement bancaire au

	512 Débit	512 Crédit	Relevé de Banque Débit	Relevé de Banque Crédit
Soldes fin de période				
Totaux				
Soldes rectifiés au				
Total général				

Rapprochement bancaire au

	512 Débit	512 Crédit	Relevé de Banque Débit	Relevé de Banque Crédit
Soldes fin de période				
Totaux				
Soldes rectifiés au				
Total général				

Rapprochement bancaire au				
	512 Débit	512 Crédit	Relevé de Banque Débit	Relevé de Banque Crédit
Soldes fin de période				
Totaux				
Soldes rectifiés au				
Total général				

Rapprochement bancaire au				
	512 Débit	512 Crédit	Relevé de Banque Débit	Relevé de Banque Crédit
Soldes fin de période				
Totaux				
Soldes rectifiés au				
Total général				

	512		Relevé de Banque	
Rapprochement bancaire au	Débit	Crédit	Débit	Crédit
Soldes fin de période				
Totaux				
Soldes rectifiés au				
Total général				

	512		Relevé de Banque	
Rapprochement bancaire au	Débit	Crédit	Débit	Crédit
Soldes fin de période				
Totaux				
Soldes rectifiés au				
Total général				

	Rapprochement bancaire au			
	512		Relevé de Banque	
	Débit	Crédit	Débit	Crédit
Soldes fin de période				
Totaux				
Soldes rectifiés au				
Total général				

	Rapprochement bancaire au			
	512		Relevé de Banque	
	Débit	Crédit	Débit	Crédit
Soldes fin de période				
Totaux				
Soldes rectifiés au				
Total général				

Rapprochement bancaire au				
	512 Débit	512 Crédit	Relevé de Banque Débit	Relevé de Banque Crédit
Soldes fin de période				
Totaux				
Soldes rectifiés au				
Total général				

Rapprochement bancaire au				
	512 Débit	512 Crédit	Relevé de Banque Débit	Relevé de Banque Crédit
Soldes fin de période				
Totaux				
Soldes rectifiés au				
Total général				

Rapprochement bancaire au

	512 Débit	512 Crédit	Relevé de Banque Débit	Relevé de Banque Crédit
Soldes fin de période				
Totaux				
Soldes rectifiés au				
Total général				

Rapprochement bancaire au

	512 Débit	512 Crédit	Relevé de Banque Débit	Relevé de Banque Crédit
Soldes fin de période				
Totaux				
Soldes rectifiés au				
Total général				

Rapprochement bancaire au				
	512 Débit	512 Crédit	Relevé de Banque Débit	Relevé de Banque Crédit
Soldes fin de période				
Totaux				
Soldes rectifiés au				
Total général				

Rapprochement bancaire au				
	512 Débit	512 Crédit	Relevé de Banque Débit	Relevé de Banque Crédit
Soldes fin de période				
Totaux				
Soldes rectifiés au				
Total général				

Rapprochement bancaire au

	512 Débit	512 Crédit	Relevé de Banque Débit	Relevé de Banque Crédit
Soldes fin de période				
Totaux				
Soldes rectifiés au				
Total général				

Rapprochement bancaire au

	512 Débit	512 Crédit	Relevé de Banque Débit	Relevé de Banque Crédit
Soldes fin de période				
Totaux				
Soldes rectifiés au				
Total général				

Rapprochement bancaire au				
	512 Débit	512 Crédit	Relevé de Banque Débit	Relevé de Banque Crédit
Soldes fin de période				
Totaux				
Soldes rectifiés au				
Total général				

Rapprochement bancaire au				
	512 Débit	512 Crédit	Relevé de Banque Débit	Relevé de Banque Crédit
Soldes fin de période				
Totaux				
Soldes rectifiés au				
Total général				

Rapprochement bancaire au				
	512 Débit	512 Crédit	Relevé de Banque Débit	Relevé de Banque Crédit
Soldes fin de période				
Totaux				
Soldes rectifiés au				
Total général				

Rapprochement bancaire au				
	512 Débit	512 Crédit	Relevé de Banque Débit	Relevé de Banque Crédit
Soldes fin de période				
Totaux				
Soldes rectifiés au				
Total général				

	Rapprochement bancaire au			
	512 Débit	512 Crédit	Relevé de Banque Débit	Relevé de Banque Crédit
Soldes fin de période				
Totaux				
Soldes rectifiés au				
Total général				

	Rapprochement bancaire au			
	512 Débit	512 Crédit	Relevé de Banque Débit	Relevé de Banque Crédit
Soldes fin de période				
Totaux				
Soldes rectifiés au				
Total général				

Rapprochement bancaire au				
	512 Débit	512 Crédit	Relevé de Banque Débit	Relevé de Banque Crédit
Soldes fin de période				
Totaux				
Soldes rectifiés au				
Total général				

Rapprochement bancaire au				
	512 Débit	512 Crédit	Relevé de Banque Débit	Relevé de Banque Crédit
Soldes fin de période				
Totaux				
Soldes rectifiés au				
Total général				

	Rapprochement bancaire au			
	512 Débit	512 Crédit	Relevé de Banque Débit	Relevé de Banque Crédit
Soldes fin de période				
Totaux				
Soldes rectifiés au				
Total général				

	Rapprochement bancaire au			
	512 Débit	512 Crédit	Relevé de Banque Débit	Relevé de Banque Crédit
Soldes fin de période				
Totaux				
Soldes rectifiés au				
Total général				

Rapprochement bancaire au

	512 Débit	512 Crédit	Relevé de Banque Débit	Relevé de Banque Crédit
Soldes fin de période				
Totaux				
Soldes rectifiés au				
Total général				

Rapprochement bancaire au

	512 Débit	512 Crédit	Relevé de Banque Débit	Relevé de Banque Crédit
Soldes fin de période				
Totaux				
Soldes rectifiés au				
Total général				

Rapprochement bancaire au

	512 Débit	512 Crédit	Relevé de Banque Débit	Relevé de Banque Crédit
Soldes fin de période				
Totaux				
Soldes rectifiés au				
Total général				

Rapprochement bancaire au

	512 Débit	512 Crédit	Relevé de Banque Débit	Relevé de Banque Crédit
Soldes fin de période				
Totaux				
Soldes rectifiés au				
Total général				

Rapprochement bancaire au

	512 Débit	512 Crédit	Relevé de Banque Débit	Relevé de Banque Crédit
Soldes fin de période				
Totaux				
Soldes rectifiés au				
Total général				

Rapprochement bancaire au

	512 Débit	512 Crédit	Relevé de Banque Débit	Relevé de Banque Crédit
Soldes fin de période				
Totaux				
Soldes rectifiés au				
Total général				

	Rapprochement bancaire au			
	512 Débit	512 Crédit	Relevé de Banque Débit	Relevé de Banque Crédit
Soldes fin de période				
Totaux				
Soldes rectifiés au				
Total général				

	Rapprochement bancaire au			
	512 Débit	512 Crédit	Relevé de Banque Débit	Relevé de Banque Crédit
Soldes fin de période				
Totaux				
Soldes rectifiés au				
Total général				

	Rapprochement bancaire au			
	512 Débit	512 Crédit	Relevé de Banque Débit	Relevé de Banque Crédit
Soldes fin de période				
Totaux				
Soldes rectifiés au				
Total général				

	Rapprochement bancaire au			
	512 Débit	512 Crédit	Relevé de Banque Débit	Relevé de Banque Crédit
Soldes fin de période				
Totaux				
Soldes rectifiés au				
Total général				

Rapprochement bancaire au

	512 Débit	512 Crédit	Relevé de Banque Débit	Relevé de Banque Crédit
Soldes fin de période				
Totaux				
Soldes rectifiés au				
Total général				

Rapprochement bancaire au

	512 Débit	512 Crédit	Relevé de Banque Débit	Relevé de Banque Crédit
Soldes fin de période				
Totaux				
Soldes rectifiés au				
Total général				

Rapprochement bancaire au

	512 Débit	512 Crédit	Relevé de Banque Débit	Relevé de Banque Crédit
Soldes fin de période				
Totaux				
Soldes rectifiés au				
Total général				

Rapprochement bancaire au

	512 Débit	512 Crédit	Relevé de Banque Débit	Relevé de Banque Crédit
Soldes fin de période				
Totaux				
Soldes rectifiés au				
Total général				

Rapprochement bancaire au				
	512 Débit	512 Crédit	Relevé de Banque Débit	Relevé de Banque Crédit
Soldes fin de période				
Totaux				
Soldes rectifiés au				
Total général				

Rapprochement bancaire au				
	512 Débit	512 Crédit	Relevé de Banque Débit	Relevé de Banque Crédit
Soldes fin de période				
Totaux				
Soldes rectifiés au				
Total général				

	Rapprochement bancaire au			
	512 Débit	512 Crédit	Relevé de Banque Débit	Relevé de Banque Crédit
Soldes fin de période				
Totaux				
Soldes rectifiés au				
Total général				

	Rapprochement bancaire au			
	512 Débit	512 Crédit	Relevé de Banque Débit	Relevé de Banque Crédit
Soldes fin de période				
Totaux				
Soldes rectifiés au				
Total général				

Rapprochement bancaire au

	512 Débit	512 Crédit	Relevé de Banque Débit	Relevé de Banque Crédit
Soldes fin de période				
Totaux				
Soldes rectifiés au				
Total général				

Rapprochement bancaire au

	512 Débit	512 Crédit	Relevé de Banque Débit	Relevé de Banque Crédit
Soldes fin de période				
Totaux				
Soldes rectifiés au				
Total général				

Rapprochement bancaire au

	512		Relevé de Banque	
	Débit	Crédit	Débit	Crédit
Soldes fin de période				
Totaux				
Soldes rectifiés au				
Total général				

Rapprochement bancaire au

	512		Relevé de Banque	
	Débit	Crédit	Débit	Crédit
Soldes fin de période				
Totaux				
Soldes rectifiés au				
Total général				

Rapprochement bancaire au

	512 Débit	512 Crédit	Relevé de Banque Débit	Relevé de Banque Crédit
Soldes fin de période				
Totaux				
Soldes rectifiés au				
Total général				

Rapprochement bancaire au

	512 Débit	512 Crédit	Relevé de Banque Débit	Relevé de Banque Crédit
Soldes fin de période				
Totaux				
Soldes rectifiés au				
Total général				

Rapprochement bancaire au				
	512		Relevé de Banque	
	Débit	Crédit	Débit	Crédit
Soldes fin de période				
Totaux				
Soldes rectifiés au				
Total général				

Rapprochement bancaire au				
	512		Relevé de Banque	
	Débit	Crédit	Débit	Crédit
Soldes fin de période				
Totaux				
Soldes rectifiés au				
Total général				

Rapprochement bancaire au

	512		Relevé de Banque	
	Débit	Crédit	Débit	Crédit
Soldes fin de période				
Totaux				
Soldes rectifiés au				
Total général				

Rapprochement bancaire au

	512		Relevé de Banque	
	Débit	Crédit	Débit	Crédit
Soldes fin de période				
Totaux				
Soldes rectifiés au				
Total général				

	Rapprochement bancaire au			
	512		Relevé de Banque	
	Débit	Crédit	Débit	Crédit
Soldes fin de période				
Totaux				
Soldes rectifiés au				
Total général				

	Rapprochement bancaire au			
	512		Relevé de Banque	
	Débit	Crédit	Débit	Crédit
Soldes fin de période				
Totaux				
Soldes rectifiés au				
Total général				

Rapprochement bancaire au

	512 Débit	512 Crédit	Relevé de Banque Débit	Relevé de Banque Crédit
Soldes fin de période				
Totaux				
Soldes rectifiés au				
Total général				

Rapprochement bancaire au

	512 Débit	512 Crédit	Relevé de Banque Débit	Relevé de Banque Crédit
Soldes fin de période				
Totaux				
Soldes rectifiés au				
Total général				

Rapprochement bancaire au

	512 Débit	512 Crédit	Relevé de Banque Débit	Relevé de Banque Crédit
Soldes fin de période				
Totaux				
Soldes rectifiés au				
Total général				

Rapprochement bancaire au

	512 Débit	512 Crédit	Relevé de Banque Débit	Relevé de Banque Crédit
Soldes fin de période				
Totaux				
Soldes rectifiés au				
Total général				

	Rapprochement bancaire au			
	512		Relevé de Banque	
	Débit	Crédit	Débit	Crédit
Soldes fin de période				
Totaux				
Soldes rectifiés au				
Total général				

	Rapprochement bancaire au			
	512		Relevé de Banque	
	Débit	Crédit	Débit	Crédit
Soldes fin de période				
Totaux				
Soldes rectifiés au				
Total général				

Rapprochement bancaire au

	512 Débit	512 Crédit	Relevé de Banque Débit	Relevé de Banque Crédit
Soldes fin de période				
Totaux				
Soldes rectifiés au				
Total général				

Rapprochement bancaire au

	512 Débit	512 Crédit	Relevé de Banque Débit	Relevé de Banque Crédit
Soldes fin de période				
Totaux				
Soldes rectifiés au				
Total général				

	Rapprochement bancaire au			
	512 Débit	512 Crédit	Relevé de Banque Débit	Relevé de Banque Crédit
Soldes fin de période				
Totaux				
Soldes rectifiés au				
Total général				

	Rapprochement bancaire au			
	512 Débit	512 Crédit	Relevé de Banque Débit	Relevé de Banque Crédit
Soldes fin de période				
Totaux				
Soldes rectifiés au				
Total général				

Rapprochement bancaire au

	512 Débit	512 Crédit	Relevé de Banque Débit	Relevé de Banque Crédit
Soldes fin de période				
Totaux				
Soldes rectifiés au				
Total général				

Rapprochement bancaire au

	512 Débit	512 Crédit	Relevé de Banque Débit	Relevé de Banque Crédit
Soldes fin de période				
Totaux				
Soldes rectifiés au				
Total général				

Rapprochement bancaire au

	512		Relevé de Banque	
	Débit	Crédit	Débit	Crédit
Soldes fin de période				
Totaux				
Soldes rectifiés au				
Total général				

Rapprochement bancaire au

	512		Relevé de Banque	
	Débit	Crédit	Débit	Crédit
Soldes fin de période				
Totaux				
Soldes rectifiés au				
Total général				

Rapprochement bancaire au

	512 Débit	512 Crédit	Relevé de Banque Débit	Relevé de Banque Crédit
Soldes fin de période				
Totaux				
Soldes rectifiés au				
Total général				

Rapprochement bancaire au

	512 Débit	512 Crédit	Relevé de Banque Débit	Relevé de Banque Crédit
Soldes fin de période				
Totaux				
Soldes rectifiés au				
Total général				

Rapprochement bancaire au				
	512 Débit	512 Crédit	Relevé de Banque Débit	Relevé de Banque Crédit
Soldes fin de période				
Totaux				
Soldes rectifiés au				
Total général				

Rapprochement bancaire au				
	512 Débit	512 Crédit	Relevé de Banque Débit	Relevé de Banque Crédit
Soldes fin de période				
Totaux				
Soldes rectifiés au				
Total général				

Rapprochement bancaire au

	512 Débit	512 Crédit	Relevé de Banque Débit	Relevé de Banque Crédit
Soldes fin de période				
Totaux				
Soldes rectifiés au				
Total général				

Rapprochement bancaire au

	512 Débit	512 Crédit	Relevé de Banque Débit	Relevé de Banque Crédit
Soldes fin de période				
Totaux				
Soldes rectifiés au				
Total général				

Rapprochement bancaire au				
	512 Débit	512 Crédit	Relevé de Banque Débit	Relevé de Banque Crédit
Soldes fin de période				
Totaux				
Soldes rectifiés au				
Total général				

Rapprochement bancaire au				
	512 Débit	512 Crédit	Relevé de Banque Débit	Relevé de Banque Crédit
Soldes fin de période				
Totaux				
Soldes rectifiés au				
Total général				

Rapprochement bancaire au				
	512		Relevé de Banque	
	Débit	Crédit	Débit	Crédit
Soldes fin de période				
Totaux				
Soldes rectifiés au				
Total général				

Rapprochement bancaire au				
	512		Relevé de Banque	
	Débit	Crédit	Débit	Crédit
Soldes fin de période				
Totaux				
Soldes rectifiés au				
Total général				

Rapprochement bancaire au

	512 Débit	512 Crédit	Relevé de Banque Débit	Relevé de Banque Crédit
Soldes fin de période				
Totaux				
Soldes rectifiés au				
Total général				

Rapprochement bancaire au

	512 Débit	512 Crédit	Relevé de Banque Débit	Relevé de Banque Crédit
Soldes fin de période				
Totaux				
Soldes rectifiés au				
Total général				

Rapprochement bancaire au				
	512 Débit	512 Crédit	Relevé de Banque Débit	Relevé de Banque Crédit
Soldes fin de période				
Totaux				
Soldes rectifiés au				
Total général				

Rapprochement bancaire au				
	512 Débit	512 Crédit	Relevé de Banque Débit	Relevé de Banque Crédit
Soldes fin de période				
Totaux				
Soldes rectifiés au				
Total général				

Rapprochement bancaire au				
	512 Débit	512 Crédit	Relevé de Banque Débit	Relevé de Banque Crédit
Soldes fin de période				
Totaux				
Soldes rectifiés au				
Total général				

Rapprochement bancaire au				
	512 Débit	512 Crédit	Relevé de Banque Débit	Relevé de Banque Crédit
Soldes fin de période				
Totaux				
Soldes rectifiés au				
Total général				

	512 Débit	512 Crédit	Relevé de Banque Débit	Relevé de Banque Crédit
Rapprochement bancaire au				
Soldes fin de période				
Totaux				
Soldes rectifiés au				
Total général				

	512 Débit	512 Crédit	Relevé de Banque Débit	Relevé de Banque Crédit
Rapprochement bancaire au				
Soldes fin de période				
Totaux				
Soldes rectifiés au				
Total général				

Rapprochement bancaire au

	512 Débit	512 Crédit	Relevé de Banque Débit	Relevé de Banque Crédit
Soldes fin de période				
Totaux				
Soldes rectifiés au				
Total général				

Rapprochement bancaire au

	512 Débit	512 Crédit	Relevé de Banque Débit	Relevé de Banque Crédit
Soldes fin de période				
Totaux				
Soldes rectifiés au				
Total général				

Rapprochement bancaire au

	512 Débit	512 Crédit	Relevé de Banque Débit	Relevé de Banque Crédit
Soldes fin de période				
Totaux				
Soldes rectifiés au				
Total général				

Rapprochement bancaire au

	512 Débit	512 Crédit	Relevé de Banque Débit	Relevé de Banque Crédit
Soldes fin de période				
Totaux				
Soldes rectifiés au				
Total général				

Rapprochement bancaire au				
	512		Relevé de Banque	
	Débit	Crédit	Débit	Crédit
Soldes fin de période				
Totaux				
Soldes rectifiés au				
Total général				

Rapprochement bancaire au				
	512		Relevé de Banque	
	Débit	Crédit	Débit	Crédit
Soldes fin de période				
Totaux				
Soldes rectifiés au				
Total général				

Rapprochement bancaire au

	512 Débit	512 Crédit	Relevé de Banque Débit	Relevé de Banque Crédit
Soldes fin de période				
Totaux				
Soldes rectifiés au				
Total général				

Rapprochement bancaire au

	512 Débit	512 Crédit	Relevé de Banque Débit	Relevé de Banque Crédit
Soldes fin de période				
Totaux				
Soldes rectifiés au				
Total général				

Rapprochement bancaire au

	512 Débit	512 Crédit	Relevé de Banque Débit	Relevé de Banque Crédit
Soldes fin de période				
Totaux				
Soldes rectifiés au				
Total général				

Rapprochement bancaire au

	512 Débit	512 Crédit	Relevé de Banque Débit	Relevé de Banque Crédit
Soldes fin de période				
Totaux				
Soldes rectifiés au				
Total général				

Rapprochement bancaire au

	512		Relevé de Banque	
	Débit	Crédit	Débit	Crédit
Soldes fin de période				
Totaux				
Soldes rectifiés au				
Total général				

Rapprochement bancaire au

	512		Relevé de Banque	
	Débit	Crédit	Débit	Crédit
Soldes fin de période				
Totaux				
Soldes rectifiés au				
Total général				

Rapprochement bancaire au				
	512 Débit	512 Crédit	Relevé de Banque Débit	Relevé de Banque Crédit
Soldes fin de période				
Totaux				
Soldes rectifiés au				
Total général				

Rapprochement bancaire au				
	512 Débit	512 Crédit	Relevé de Banque Débit	Relevé de Banque Crédit
Soldes fin de période				
Totaux				
Soldes rectifiés au				
Total général				

Rapprochement bancaire au				
	512		Relevé de Banque	
	Débit	Crédit	Débit	Crédit
Soldes fin de période				
Totaux				
Soldes rectifiés au				
Total général				

Rapprochement bancaire au				
	512		Relevé de Banque	
	Débit	Crédit	Débit	Crédit
Soldes fin de période				
Totaux				
Soldes rectifiés au				
Total général				

Rapprochement bancaire au	512		Relevé de Banque	
	Débit	Crédit	Débit	Crédit
Soldes fin de période				
Totaux				
Soldes rectifiés au				
Total général				

Rapprochement bancaire au	512		Relevé de Banque	
	Débit	Crédit	Débit	Crédit
Soldes fin de période				
Totaux				
Soldes rectifiés au				
Total général				

Rapprochement bancaire au

	512 Débit	512 Crédit	Relevé de Banque Débit	Relevé de Banque Crédit
Soldes fin de période				
Totaux				
Soldes rectifiés au				
Total général				

Rapprochement bancaire au

	512 Débit	512 Crédit	Relevé de Banque Débit	Relevé de Banque Crédit
Soldes fin de période				
Totaux				
Soldes rectifiés au				
Total général				

Rapprochement bancaire au				
	512 Débit	512 Crédit	Relevé de Banque Débit	Relevé de Banque Crédit
Soldes fin de période				
Totaux				
Soldes rectifiés au				
Total général				

Rapprochement bancaire au				
	512 Débit	512 Crédit	Relevé de Banque Débit	Relevé de Banque Crédit
Soldes fin de période				
Totaux				
Soldes rectifiés au				
Total général				

Rapprochement bancaire au

	512		Relevé de Banque	
	Débit	Crédit	Débit	Crédit
Soldes fin de période				
Totaux				
Soldes rectifiés au				
Total général				

Rapprochement bancaire au

	512		Relevé de Banque	
	Débit	Crédit	Débit	Crédit
Soldes fin de période				
Totaux				
Soldes rectifiés au				
Total général				

Rapprochement bancaire au

	512 Débit	512 Crédit	Relevé de Banque Débit	Relevé de Banque Crédit
Soldes fin de période				
Totaux				
Soldes rectifiés au				
Total général				

Rapprochement bancaire au

	512 Débit	512 Crédit	Relevé de Banque Débit	Relevé de Banque Crédit
Soldes fin de période				
Totaux				
Soldes rectifiés au				
Total général				

Rapprochement bancaire au

	512 Débit	512 Crédit	Relevé de Banque Débit	Relevé de Banque Crédit
Soldes fin de période				
Totaux				
Soldes rectifiés au				
Total général				

Rapprochement bancaire au

	512 Débit	512 Crédit	Relevé de Banque Débit	Relevé de Banque Crédit
Soldes fin de période				
Totaux				
Soldes rectifiés au				
Total général				

Rapprochement bancaire au

	512 Débit	512 Crédit	Relevé de Banque Débit	Relevé de Banque Crédit
Soldes fin de période				
Totaux				
Soldes rectifiés au				
Total général				

Rapprochement bancaire au

	512 Débit	512 Crédit	Relevé de Banque Débit	Relevé de Banque Crédit
Soldes fin de période				
Totaux				
Soldes rectifiés au				
Total général				

Rapprochement bancaire au

	512		Relevé de Banque	
	Débit	Crédit	Débit	Crédit
Soldes fin de période				
Totaux				
Soldes rectifiés au				
Total général				

Rapprochement bancaire au

	512		Relevé de Banque	
	Débit	Crédit	Débit	Crédit
Soldes fin de période				
Totaux				
Soldes rectifiés au				
Total général				

	Rapprochement bancaire au			
	512 Débit	512 Crédit	Relevé de Banque Débit	Relevé de Banque Crédit
Soldes fin de période				
Totaux				
Soldes rectifiés au				
Total général				

	Rapprochement bancaire au			
	512 Débit	512 Crédit	Relevé de Banque Débit	Relevé de Banque Crédit
Soldes fin de période				
Totaux				
Soldes rectifiés au				
Total général				

Rapprochement bancaire au				
	512 Débit	512 Crédit	Relevé de Banque Débit	Relevé de Banque Crédit
Soldes fin de période				
Totaux				
Soldes rectifiés au				
Total général				

Rapprochement bancaire au				
	512 Débit	512 Crédit	Relevé de Banque Débit	Relevé de Banque Crédit
Soldes fin de période				
Totaux				
Soldes rectifiés au				
Total général				

Express compta, des outils pour vous aidez à réussir!

Vous aimerez aussi:

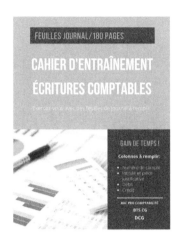  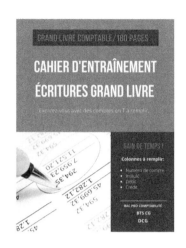

VOTRE AVIS NOUS INTÉRESSE

N'hésitez pas à laisser un commentaire sur le site d'Amazon

Printed in France by Amazon
Brétigny-sur-Orge, FR